Créez votre propre VPN : Un guide étape par étape

ISBN 979-8349532450

Table des matières

1 Introduction 1

1.1 Pourquoi créer son propre VPN 1

1.2 À propos de ce livre 3

2 Créer un serveur cloud 4

2.1 Créer un serveur sur DigitalOcean 5

2.2 Créer un serveur sur Vultr 8

2.3 Créer un serveur sur Linode 11

2.4 Créer un serveur sur OVH 13

3 Configurer un serveur VPN 16

3.1 Se connecter au serveur via SSH 16

3.2 Mettre à jour le serveur 17

3.3 Installer WireGuard 18

3.4 Installer OpenVPN 22

3.5 Installer le VPN IPsec avec IKEv2 26

3.6 Désinstaller le VPN 31

4 Configurer les clients VPN 33

4.1 Transférer des fichiers depuis le serveur 33

4.2 Configurer les clients VPN WireGuard 34

4.2.1 Windows 35

4.2.2 macOS 35

4.2.3 Android 36

4.2.4 iOS (iPhone/iPad) 36

4.3 Configurer les clients OpenVPN 36

4.3.1 Windows 37

4.3.2 macOS 37

4.3.3 Android 38

4.3.4 iOS (iPhone/iPad) 38

4.4 Configurer les clients VPN IKEv2 39

4.4.1 Windows....40
4.4.2 macOS....43
4.4.3 Android....44
4.4.4 iOS (iPhone/iPad)....47
4.4.5 Chrome OS (Chromebook)....48

5 Gérer les clients VPN....51

5.1 Gérer les clients VPN WireGuard....51
5.1.1 Ajouter un nouveau client....52
5.1.2 Faire la liste des clients existants....52
5.1.3 Supprimer un client....53
5.1.4 Afficher le code QR d'un client....53
5.2 Gérer les clients OpenVPN....54
5.2.1 Ajouter un nouveau client....55
5.2.2 Exporter un client existant....55
5.2.3 Faire la liste des clients existants....55
5.2.4 Révoquer un client....56
5.3 Gérer les clients VPN IKEv2....56
5.3.1 Ajouter un nouveau client....57
5.3.2 Exporter un client existant....58
5.3.3 Faire la liste des clients existants....58
5.3.4 Révoquer un client....58
5.3.5 Supprimer un client....59

À propos de l'auteur....60

1 Introduction

1.1 Pourquoi créer son propre VPN

À l'ère du numérique, la confidentialité et la sécurité en ligne sont devenues de plus en plus cruciales. Les pirates informatiques et autres acteurs malveillants recherchent constamment des moyens de voler des informations personnelles et des données sensibles, ce qui rend essentiel de prendre les mesures nécessaires pour protéger nos activités en ligne.

Une façon d'améliorer la confidentialité et la sécurité en ligne est de créer son propre réseau privé virtuel (VPN), qui peut offrir une gamme d'avantages :

1. Confidentialité accrue : en créant votre propre VPN, vous pouvez vous assurer que votre trafic Internet est chiffré et caché des regards indiscrets, tels que votre fournisseur d'accès Internet. L'utilisation d'un VPN peut être particulièrement utile lorsque vous utilisez des réseaux Wi-Fi non sécurisés, tels que ceux que l'on trouve dans les cafés, les aéroports ou encore les chambres d'hôtel. Cela peut aider à protéger vos activités en ligne et vos données personnelles contre le suivi, la surveillance ou l'interception.

2. Sécurité accrue : les services VPN publics peuvent être vulnérables aux piratages et aux violations de données, ce qui peut exposer vos informations personnelles aux

cybercriminels. En créant votre propre VPN, vous pouvez avoir un meilleur contrôle sur la sécurité de votre connexion et des données qui y sont transmises.

3. Accès à des contenus géographiquement restreints : certains sites Web et services en ligne peuvent être restreints dans certaines régions, mais en vous connectant à un serveur VPN situé dans une autre région, vous pourrez peut-être accéder à des contenus qui ne vous sont pas accessibles autrement.

4. Rentabilité : bien qu'il existe de nombreux services VPN publics disponibles, la plupart d'entre eux impliquent des frais d'abonnement. En créant votre propre VPN, vous pouvez éviter ces coûts et avoir plus de contrôle sur votre utilisation de ce VPN.

5. Flexibilité et personnalisation : la création de votre propre VPN vous permet de personnaliser votre expérience VPN en fonction de vos besoins spécifiques. Vous pouvez choisir le niveau de chiffrement que vous souhaitez utiliser, l'emplacement du serveur et le protocole réseau tel que TCP ou UDP. Cette flexibilité peut vous aider à optimiser votre VPN pour des activités spécifiques telles que les jeux, le streaming ou le téléchargement, vous offrant une expérience transparente et sécurisée.

Dans l'ensemble, la création de votre propre VPN peut être un moyen efficace d'améliorer la confidentialité et votre sécurité en ligne tout en offrant flexibilité et rentabilité. Avec les bonnes ressources et les bons conseils, cela peut être un investissement précieux pour assurer votre sécurité en ligne.

1.2 À propos de ce livre

Ce livre est un guide étape par étape pour créer votre propre serveur VPN IPsec, OpenVPN ou WireGuard. Dans le chapitre 2, vous apprendrez à créer un serveur cloud avec des fournisseurs tels que DigitalOcean, Vultr, Linode ou OVH. Le chapitre 3 couvre la connexion au serveur via SSH et la configuration de WireGuard, OpenVPN ou IPsec VPN. Le chapitre 4 couvre la configuration d'un client VPN sur Windows, macOS, Android ou iOS. Dans le chapitre 5, vous apprendrez à gérer les clients VPN.

IPsec VPN, OpenVPN et WireGuard sont des protocoles VPN populaires et largement utilisés. Internet Protocol Security (IPsec) est une suite de protocoles réseau sécurisés. OpenVPN est un protocole VPN open source, robuste et très flexible. WireGuard est un VPN rapide et moderne conçu dans le but de faciliter l'utilisation et de fournir des performances élevées.

2 Créer un serveur cloud

Dans un premier temps, vous aurez besoin d'un serveur cloud ou d'un serveur privé virtuel (VPS) pour créer votre propre VPN. Entre autres, voici quelques fournisseurs de serveurs populaires :

- DigitalOcean (https://www.digitalocean.com)
- Vultr (https://www.vultr.com)
- Linode (https://www.linode.com)
- OVH (https://www.ovhcloud.com/en/vps/)

Tout d'abord, choisissez un fournisseur de serveur. Reportez-vous ensuite aux étapes détaillées en exemple dans ce chapitre pour commencer. Lors de la création de votre serveur, il est recommandé de sélectionner la dernière version d'Ubuntu Linux LTS ou Debian Linux (Ubuntu 24.04 ou Debian 12 au moment de la rédaction) comme système d'exploitation, possédant 1 Go de mémoire, voire plus.

Les utilisateurs avancés peuvent configurer le serveur VPN sur un Raspberry Pi (https://www.raspberrypi.com). Connectez-vous d'abord à votre Raspberry Pi et ouvrez Terminal, puis suivez les instructions du chapitre 3, Configurer un serveur VPN, sections 3.2-3.5. Avant de vous connecter, vous devrez peut-être transférer les ports de votre routeur vers l'IP locale du Raspberry Pi. Reportez-vous aux ports par défaut de chaque type de VPN au chapitre 3.

2.1 Créer un serveur sur DigitalOcean

1. Créez un compte DigitalOcean : accédez au site Web de DigitalOcean (https://www.digitalocean.com) et créez un compte si vous ne l'avez pas déjà fait.

2. Une fois que la connexion au tableau de bord de DigitalOcean sera établie, cliquez sur le bouton « Create » dans le coin supérieur droit de l'écran et sélectionnez « Droplets » dans le menu déroulant.

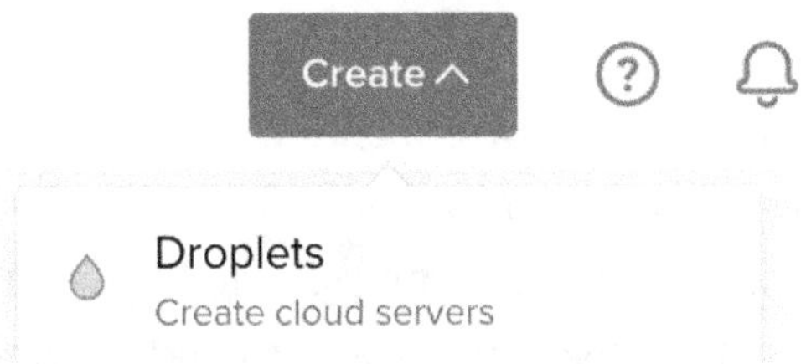

3. Sélectionnez une région de centre de données en fonction de vos besoins, par exemple la plus proche de votre emplacement.

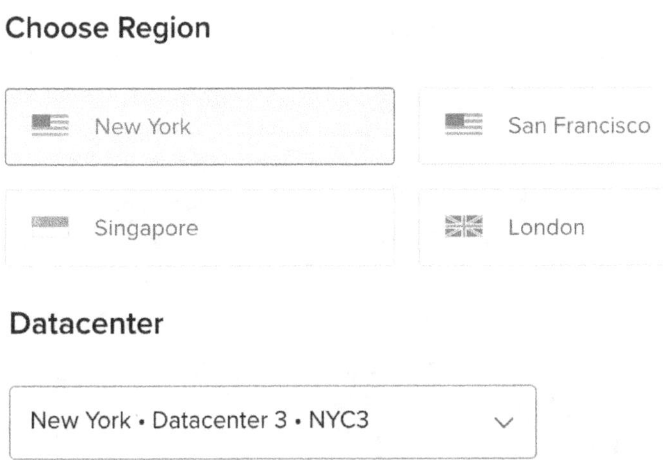

4. Sous « Choose an image », sélectionnez la dernière version d'Ubuntu Linux LTS (par exemple Ubuntu 24.04) dans la liste des images disponibles.

5. Choisissez un plan pour votre serveur. Vous pouvez choisir parmi différentes options en fonction de vos besoins. Pour un VPN personnel, un plan de base de CPU partagé avec un disque SSD ordinaire et 1 Go de mémoire sera probablement suffisant.

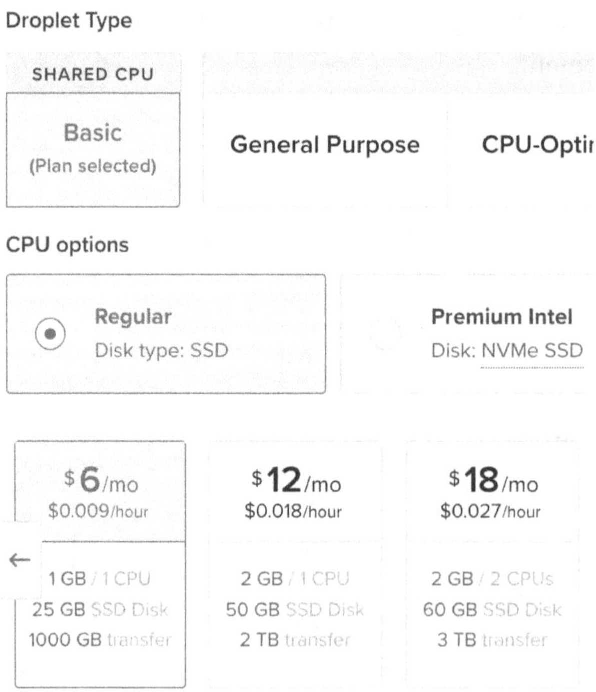

6. Sélectionnez « Password » comme méthode d'authentification, puis saisissez un mot de passe root fort et sécurisé. Pour la sécurité de votre serveur, il est essentiel de choisir un mot de passe root fort et sécurisé. Vous pouvez également utiliser des clés SSH pour l'authentification.

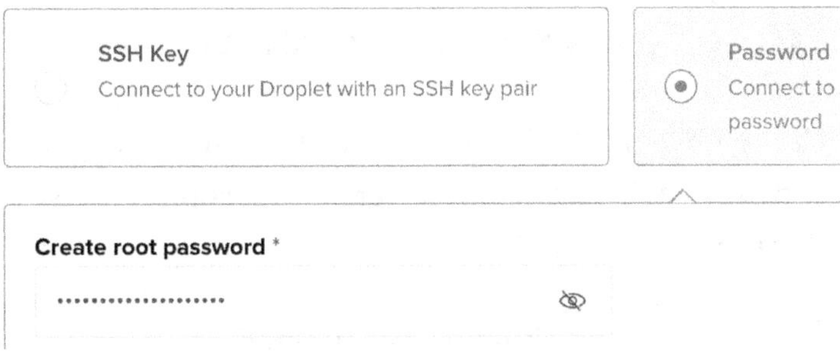

7. Sélectionnez des options supplémentaires telles que les sauvegardes et IPv6 si vous le souhaitez.

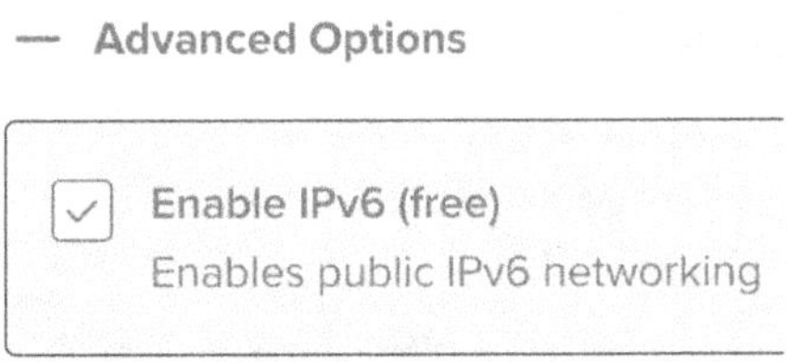

8. Saisissez un nom d'hôte pour votre serveur et cliquez sur « Create Droplet ».

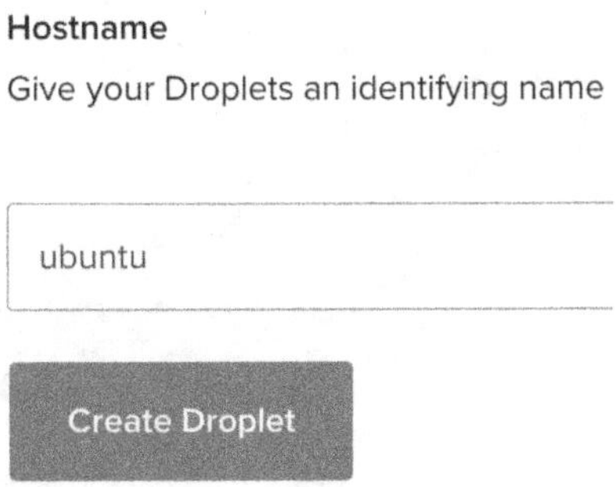

9. Attendez quelques minutes que le serveur soit créé.

Une fois votre serveur prêt, vous pouvez vous connecter via SSH en utilisant le nom d'utilisateur root et le mot de passe que vous avez saisi lors de la création du serveur. Voir le chapitre 3 pour plus de détails.

2.2 Créer un serveur sur Vultr

1. Créez un compte Vultr : accédez au site Web de Vultr (https://www.vultr.com) et créez un compte si vous ne l'avez pas déjà fait.

2. Une fois la connexion au tableau de bord de Vultr établie, cliquez sur le bouton « Deploy » et sélectionnez « Deploy New Server ».

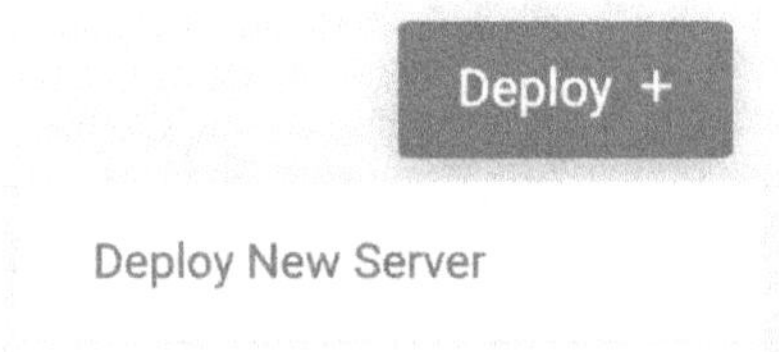

3. Choisissez un type de forfait pour votre serveur. Vous pouvez choisir parmi différentes options en fonction de vos besoins. Pour un VPN personnel, un forfait de calcul partagé de CPU dans le cloud sera probablement suffisant.

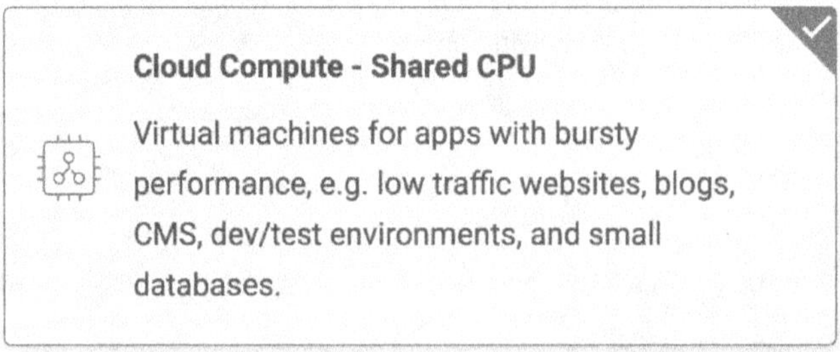

4. Choisissez l'emplacement d'un serveur en fonction de vos besoins, par exemple le plus proche de votre emplacement.

5. Sélectionnez la dernière version d'Ubuntu Linux LTS (par exemple Ubuntu 24.04) comme image du serveur.

6. Sélectionnez la taille de serveur souhaitée en fonction de vos besoins. Pour un VPN personnel, 1 Go de mémoire sera probablement suffisant.

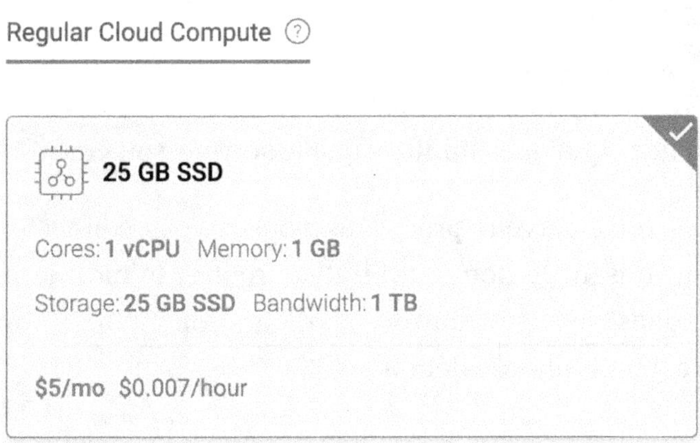

7. Choisissez les options supplémentaires dont vous avez besoin, telles que IPv6.

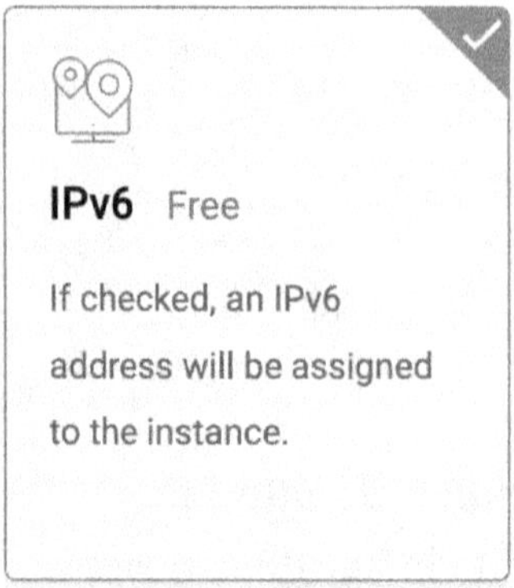

8. Saisissez un nom d'hôte et un libellé de serveur.

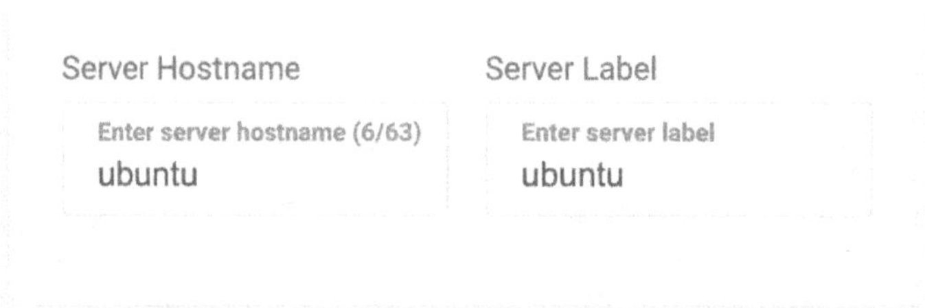

9. Cliquez sur « Deploy Now ».

10. Attendez quelques minutes que le serveur soit créé.

Une fois votre serveur prêt, vous pouvez vous connecter via SSH en utilisant le nom d'utilisateur root et le mot de passe fourni dans le panneau de configuration Vultr. Voir le chapitre 3 pour plus de détails.

2.3 Créer un serveur sur Linode

1. Créez un compte Linode : accédez au site Web d'Akamai Linode (https://www.linode.com) et créez un compte si vous ne l'avez pas déjà fait.

2. Une fois la connexion au tableau de bord d'Akamai Linode établie, cliquez sur le bouton « Create » dans le coin supérieur gauche de l'écran, puis sélectionnez « Linode » dans le menu déroulant.

3. Sélectionnez la dernière version d'Ubuntu Linux LTS (par exemple Ubuntu 24.04) comme image du serveur.

4. Choisissez la région dans laquelle vous souhaitez que votre serveur soit situé et sélectionnez un plan en fonction de vos besoins. Pour un VPN personnel, un forfait CPU partagé de 1 Go sera probablement suffisant.

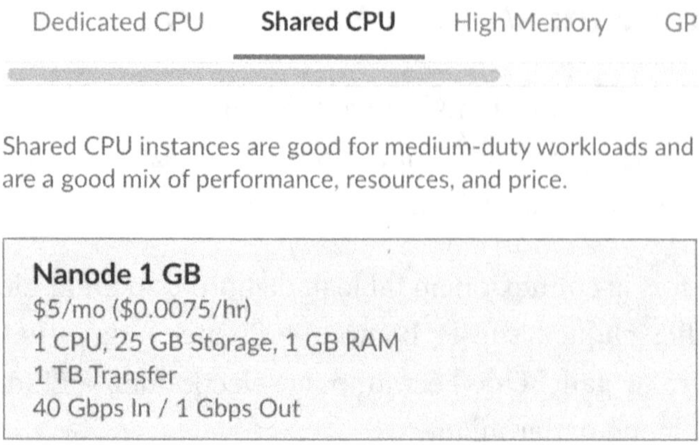

5. Saisissez un mot de passe root fort et sécurisé pour l'authentification. Pour la sécurité de votre serveur, il est essentiel de choisir un mot de passe root fort et sécurisé. De plus, vous avez également la possibilité d'utiliser des clés SSH pour l'authentification.

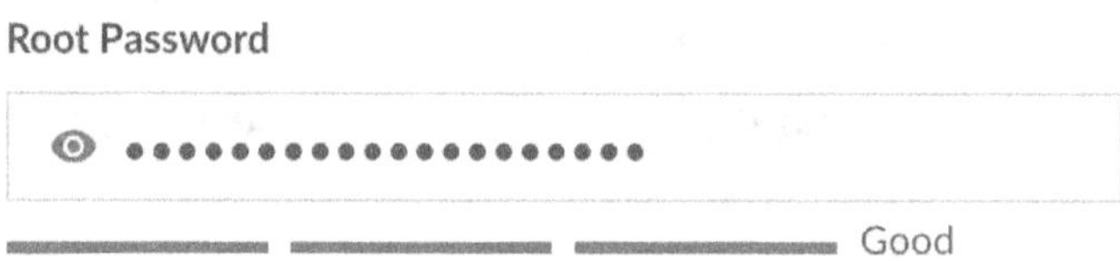

6. Sélectionnez les options supplémentaires dont vous avez besoin, telles que les sauvegardes.

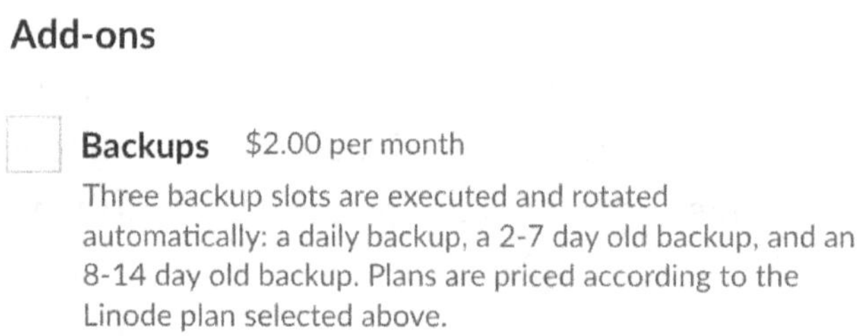

7. Cliquez sur le bouton "Create Linode".

8. Attendez quelques minutes que le serveur soit créé.

Une fois votre serveur prêt, vous pouvez vous connecter via SSH en utilisant le nom d'utilisateur root et le mot de passe que vous avez saisi lors de la création du serveur. Voir le chapitre 3 pour plus de détails.

2.4 Créer un serveur sur OVH

1. Rendez-vous sur le site Web de VPS OVH : https://www.ovhcloud.com/en/vps/

2. Choisissez une offre pour votre serveur. Pour un VPN personnel, une offre « starter » ou « value » sera probablement suffisante. Cliquez sur le bouton « Order now » à côté du plan VPS que vous souhaitez utiliser.

3. Sélectionnez « Distribution only », puis sélectionnez la dernière version d'Ubuntu Linux LTS (par exemple Ubuntu 24.04) comme système d'exploitation.

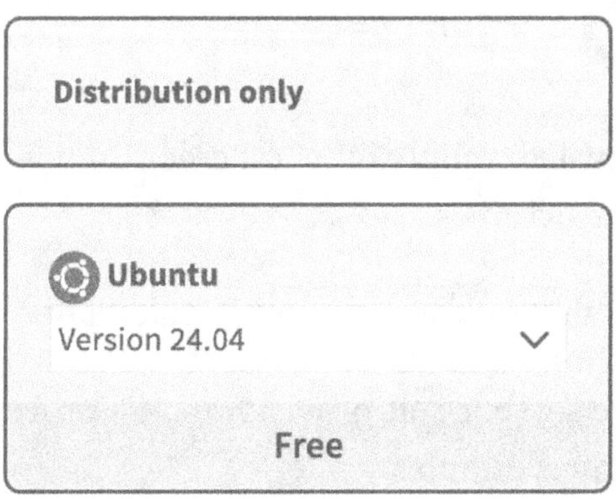

4. Choisissez l'emplacement du centre de données où vous souhaitez que votre serveur soit situé.

5. Sélectionnez les options supplémentaires dont vous avez besoin, telles que les instantanés.

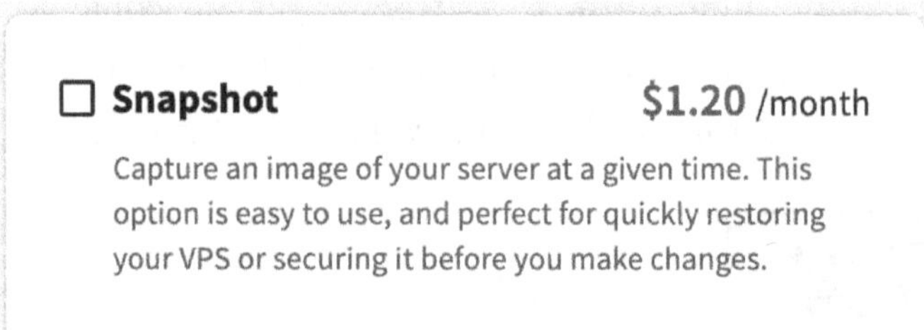

6. Vérifiez votre commande, puis cliquez sur le bouton « Login and pay ».

7. Connectez-vous à votre compte OVH ou créez un nouveau compte si vous n'en avez pas.

8. Confirmez votre commande et effectuez le paiement.

9. Attendez que votre serveur soit provisionné. Ce processus peut prendre quelques minutes.

Une fois votre serveur prêt, vous pouvez vous connecter via SSH en utilisant le nom d'utilisateur root et le mot de passe fourni dans votre e-mail d'OVH. Voir le chapitre 3 pour plus de détails.

3 Configurer un serveur VPN

Une fois que vous avez effectué la création de votre serveur cloud ou de votre serveur privé virtuel (VPS), suivez les instructions de ce chapitre pour vous connecter à votre serveur via SSH, mettre à jour le système d'exploitation et installer WireGuard, OpenVPN et/ou IPsec VPN avec IKEv2.

3.1 Se connecter au serveur via SSH

Une fois votre serveur cloud créé, vous pouvez y accéder via SSH. Vous pouvez utiliser le terminal sur votre ordinateur local ou un outil comme Git pour Windows pour vous connecter à votre serveur à l'aide de son adresse IP et de vos identifiants de connexion root.

Pour vous connecter à votre serveur via SSH depuis Windows, macOS ou Linux, suivez les étapes ci-dessous :

1. Ouvrez le terminal sur votre ordinateur. Sous Windows, vous pouvez utiliser un émulateur de terminal comme Git pour Windows.

   Git pour Windows : https://git-scm.com/downloads
   Téléchargez la version portable, puis double-cliquez pour l'installer. Une fois terminé, ouvrez le dossier « PortableGit » et double-cliquez pour exécuter « git-bash.exe ».

2. Tapez la commande suivante en remplaçant « username » par votre nom d'utilisateur (par exemple, « root ») et « server-ip » par l'adresse IP ou le nom d'hôte de votre

serveur :

```
ssh username@server-ip
```

3. Si c'est la première fois que vous vous connectez au serveur, on vous demandera peut-être d'accepter l'empreinte de la clé SSH du serveur. Tapez « yes » et appuyez sur Entrée pour continuer.

4. Si vous utilisez un mot de passe pour vous connecter, on vous indiquera de saisir votre mot de passe. Tapez votre mot de passe et appuyez sur Entrée.

5. Si c'est la première fois que vous vous connectez au serveur et que vous recevez une invitation pour modifier le mot de passe root, saisissez un nouveau mot de passe fort et sécurisé. Sinon, ignorez cette étape. Pour la sécurité de votre serveur, il est essentiel de choisir un mot de passe root fort et sécurisé.

6. Une fois l'authentification réalisée, la connexion au serveur via SSH sera établie.

7. Vous pouvez alors exécuter des commandes sur le serveur via le terminal.

8. Pour vous déconnecter du serveur, tapez simplement la commande « exit » et appuyez sur Entrée.

3.2 Mettre à jour le serveur

Après avoir établi une connexion au serveur via SSH, vous pouvez le mettre à jour en exécutant les commandes suivantes et en redémarrant. Ceci est facultatif, mais recommandé.

```
sudo apt update && sudo apt -y upgrade
sudo reboot
```

Les meilleures pratiques de sécurité du serveur Linux recommandent de mettre à jour régulièrement le système d'exploitation de votre serveur pour le maintenir à jour avec les derniers correctifs et mises à jour de sécurité.

3.3 Installer WireGuard

GitHub : https://github.com/hwdsl2/wireguard-install

Tout d'abord, connectez-vous à votre serveur via SSH.

Téléchargez le script d'installation de WireGuard :

```
wget https://get.vpnsetup.net/wg -O wg.sh
```

Option 1 : installation automatique de WireGuard à l'aide des options par défaut.

```
sudo bash wg.sh --auto
```

Pour les serveurs dotés d'un pare-feu externe (par exemple Amazon EC2), ouvrez le port UDP 51820 pour le VPN.

Exemple de sortie :

```
$ sudo bash wg.sh --auto

WireGuard Script
https://github.com/hwdsl2/wireguard-install

Starting WireGuard setup using default options.

Server IP: 192.0.2.1
```

```
Port: UDP/51820
Client name: client
Client DNS: Google Public DNS

Installing WireGuard, please wait...
+ apt-get -yqq update
+ apt-get -yqq install wireguard qrencode
+ systemctl enable --now wg-iptables.service
+ systemctl enable --now wg-quick@wg0.service

 -------------------------------
| Code QR pour la configuration |
| du client                     |
 -------------------------------
↑ That is a QR code containing the client
configuration.

Finished!

The client configuration is available in:
/root/client.conf
New clients can be added by running this script
again.
```

Après l'installation, vous pouvez exécuter à nouveau le script pour gérer les utilisateurs ou désinstaller WireGuard. Voir le chapitre 5 pour plus de détails.

Étapes suivantes : configurez votre ordinateur ou votre appareil pour utiliser le VPN. Voir :

4.2 Configurer les clients VPN WireGuard

Profitez de votre propre VPN !

Option 2 : installation interactive à l'aide d'options personnalisées.

```
sudo bash wg.sh
```

Vous pouvez personnaliser les options suivantes : nom DNS du serveur VPN, port UDP, serveur DNS pour les clients VPN et nom du premier client.

Exemples d'étapes (remplacez par vos propres valeurs) :

Remarque : ces options peuvent changer dans les versions plus récentes du script. Lisez attentivement avant de sélectionner l'option souhaitée.

```
$ sudo bash wg.sh

Welcome to this WireGuard server installer!
GitHub: https://github.com/hwdsl2/wireguard-install

I need to ask you a few questions before starting setup. You can use the default options and just press enter if you are OK with them.
```

Entrez le nom DNS du serveur VPN :

```
Do you want WireGuard VPN clients to connect to this server using a DNS name, e.g. vpn.example.com, instead of its IP address? [y/N] y

Enter the DNS name of this VPN server:
vpn.example.com
```

Sélectionnez un port UDP pour WireGuard :

```
Which port should WireGuard listen to?
Port [51820]:
```

Fournissez un nom pour le premier client :

```
Enter a name for the first client:
Name [client]:
```

Sélectionnez les serveurs DNS :

```
Select a DNS server for the client:
   1) Current system resolvers
   2) Google Public DNS
   3) Cloudflare DNS
   4) OpenDNS
   5) Quad9
   6) AdGuard DNS
   7) Custom
DNS server [2]:
```

Confirmez et démarrez l'installation de WireGuard :

```
WireGuard installation is ready to begin.
Do you want to continue? [Y/n]
```

Les utilisateurs avancés peuvent également installer automatiquement WireGuard à l'aide d'options personnalisées. Pour plus de détails, exécutez :

```
sudo bash wg.sh -h
```

Après l'installation, vous pouvez exécuter à nouveau le script pour gérer les utilisateurs ou désinstaller WireGuard. Voir le chapitre 5 pour plus de détails.

Étapes suivantes : configurez votre ordinateur ou votre appareil pour utiliser le VPN. Voir :

4.2 Configurer les clients VPN WireGuard

Profitez de votre propre VPN !

3.4 Installer OpenVPN

GitHub : https://github.com/hwdsl2/openvpn-install

Tout d'abord, connectez-vous à votre serveur via SSH.

Téléchargez le script d'installation d'OpenVPN :

```
wget https://get.vpnsetup.net/ovpn -O ovpn.sh
```

Option 1 : installer automatiquement OpenVPN à l'aide des options par défaut.

```
sudo bash ovpn.sh --auto
```

Pour les serveurs dotés d'un pare-feu externe (par exemple Amazon EC2), ouvrez le port UDP 1194 pour le VPN.

Exemple de sortie :

```
$ sudo bash ovpn.sh --auto

OpenVPN Script
https://github.com/hwdsl2/openvpn-install

Starting OpenVPN setup using default options.

Server IP: 192.0.2.1
Port: UDP/1194
```

```
Client name: client
Client DNS: Google Public DNS

Installing OpenVPN, please wait...
+ apt-get -yqq update
+ apt-get -yqq --no-install-recommends install \
  openvpn
+ apt-get -yqq install openssl ca-certificates
+ ./easyrsa --batch init-pki
+ ./easyrsa --batch build-ca nopass
+ ./easyrsa --batch --days=3650 build-server-full \
  server nopass
+ ./easyrsa --batch --days=3650 build-client-full \
  client nopass
+ ./easyrsa --batch --days=3650 gen-crl
+ openvpn --genkey --secret \
  /etc/openvpn/server/tc.key
+ systemctl enable --now openvpn-iptables.service
+ systemctl enable --now \
  openvpn-server@server.service

Finished!

The client configuration is available in:
/root/client.ovpn
New clients can be added by running this script
again.
```

Après l'installation, vous pouvez exécuter à nouveau le script pour gérer les utilisateurs ou désinstaller OpenVPN. Voir le chapitre 5 pour plus de détails.

Étapes suivantes : configurez votre ordinateur ou votre appareil pour utiliser le VPN. Voir :

4.3 Configurer les clients OpenVPN

Profitez de votre propre VPN !

Option 2 : installation interactive à l'aide d'options personnalisées.

```
sudo bash ovpn.sh
```

Vous pouvez personnaliser les options suivantes : nom DNS du serveur VPN, protocole (TCP/UDP) et port, serveur DNS pour les clients VPN et nom du premier client.

Exemples d'étapes (remplacez par vos propres valeurs) :

Remarque : ces options peuvent changer dans les versions plus récentes du script. Lisez attentivement avant de sélectionner l'option souhaitée.

```
$ sudo bash ovpn.sh

Welcome to this OpenVPN server installer!
GitHub: https://github.com/hwdsl2/openvpn-install

I need to ask you a few questions before starting setup. You can use the default options and just press enter if you are OK with them.
```

Entrez le nom DNS du serveur VPN :

```
Do you want OpenVPN clients to connect to this server using a DNS name, e.g. vpn.example.com, instead of its IP address? [y/N] y

Enter the DNS name of this VPN server:
vpn.example.com
```

Sélectionnez le protocole et le port pour OpenVPN :

```
Which protocol should OpenVPN use?
   1) UDP (recommended)
   2) TCP
Protocol [1]:
```

```
Which port should OpenVPN listen to?
Port [1194]:
```

Sélectionnez les serveurs DNS :

```
Select a DNS server for the clients:
   1) Current system resolvers
   2) Google Public DNS
   3) Cloudflare DNS
   4) OpenDNS
   5) Quad9
   6) AdGuard DNS
   7) Custom
DNS server [2]:
```

Fournissez un nom pour le premier client :

```
Enter a name for the first client:
Name [client]:
```

Confirmez et démarrez l'installation d'OpenVPN :

```
OpenVPN installation is ready to begin.
Do you want to continue? [Y/n]
```

Les utilisateurs avancés peuvent également installer automatiquement OpenVPN à l'aide d'options personnalisées. Pour plus de détails, exécutez :

```
sudo bash ovpn.sh -h
```

Après l'installation, vous pouvez exécuter à nouveau le script pour gérer les utilisateurs ou désinstaller OpenVPN. Voir le chapitre 5 pour plus de détails.

Étapes suivantes : configurez votre ordinateur ou votre appareil pour utiliser le VPN. Voir :

4.3 Configurer les clients OpenVPN

Profitez de votre propre VPN !

3.5 Installer le VPN IPsec avec IKEv2

GitHub : https://github.com/hwdsl2/setup-ipsec-vpn

Tout d'abord, connectez-vous à votre serveur via SSH.

Téléchargez le script d'installation du VPN IPsec :

```
wget https://get.vpnsetup.net -O vpn.sh
```

Option 1 : installation automatique à l'aide des options par défaut.

```
sudo sh vpn.sh
```

Pour les serveurs dotés d'un pare-feu externe (par exemple Amazon EC2), ouvrez les ports UDP 500 et 4500 pour le VPN.

Exemple de sortie :

```
$ sudo sh vpn.sh

... ... (sortie omise)
================================================
```

```
IPsec VPN server is now ready for use!

Connect to your new VPN with these details:

Server IP: 192.0.2.1
IPsec PSK: [Votre clé prépartagée IPsec]
Username: vpnuser
Password: [Votre mot de passe VPN]

Write these down. You'll need them to connect!

VPN client setup: https://vpnsetup.net/clients

================================================

================================================

IKEv2 setup successful. Details for IKEv2 mode:

VPN server address: 192.0.2.1
VPN client name: vpnclient

Client configuration is available at:
/root/vpnclient.p12 (for Windows & Linux)
/root/vpnclient.sswan (for Android)
/root/vpnclient.mobileconfig (for iOS & macOS)

Next steps: Configure IKEv2 clients. See:
https://vpnsetup.net/clients

================================================
```

Après la configuration, vous pouvez exécuter « sudo ikev2.sh » pour gérer les clients IKEv2. Voir le chapitre 5 pour plus de détails.

Étapes suivantes : configurez votre ordinateur ou votre appareil pour utiliser le VPN. Voir :

4.4 Configurer les clients VPN IKEv2

Profitez de votre propre VPN !

Option 2 : installation interactive à l'aide d'options personnalisées.

```
sudo VPN_SKIP_IKEV2=yes sh vpn.sh
sudo ikev2.sh
```

Vous pouvez personnaliser les options suivantes : nom DNS du serveur VPN, nom et période de validité du premier client, serveur DNS pour les clients VPN et protection par mot de passe des fichiers de configuration du client.

Exemples d'étapes (remplacez par vos propres valeurs) :

Remarque : ces options peuvent changer dans les versions plus récentes du script. Lisez attentivement avant de sélectionner l'option souhaitée.

```
$ sudo VPN_SKIP_IKEV2=yes sh vpn.sh
... ... (sortie omise)

$ sudo ikev2.sh

Welcome! Use this script to set up IKEv2 on your VPN server.
```

```
I need to ask you a few questions before starting
setup. You can use the default options and just press
enter if you are OK with them.
```

Entrez le nom DNS du serveur VPN :

```
Do you want IKEv2 clients to connect to this server
using a DNS name, e.g. vpn.example.com, instead of
its IP address? [y/N] y

Enter the DNS name of this VPN server:
vpn.example.com
```

Entrez le nom et la période de validité du premier client :

```
Provide a name for the IKEv2 client.
Use one word only, no special characters except '-'
and '_'.
Client name: [vpnclient]

Specify the validity period (in months) for this
client certificate.
Enter an integer between 1 and 120: [120]
```

Spécifiez les serveurs DNS personnalisés :

```
By default, clients are set to use Google Public DNS
when the VPN is active.
Do you want to specify custom DNS servers for IKEv2?
[y/N] y

Enter primary DNS server: 1.1.1.1
Enter secondary DNS server (Enter to skip): 1.0.0.1
```

Sélectionnez si vous souhaitez protéger par mot de passe les fichiers de configuration client :

```
IKEv2 client config files contain the client
certificate, private key and CA certificate. This
script can optionally generate a random password to
protect these files.

Protect client config files using a password? [y/N]
```

Vérifiez et confirmez les options d'installation :

```
We are ready to set up IKEv2 now.
Below are the setup options you selected.

==================================

Server address: vpn.example.com
Client name: vpnclient

Client cert valid for: 120 months
MOBIKE support: Not available
Protect client config: No
DNS server(s): 1.1.1.1 1.0.0.1

==================================

Do you want to continue? [Y/n]
```

Après la configuration, vous pouvez exécuter « sudo ikev2.sh » pour gérer les clients IKEv2. Voir le chapitre 5 pour plus de détails.

Étapes suivantes : configurez votre ordinateur ou votre appareil pour utiliser le VPN. Voir :

4.4 Configurer les clients VPN IKEv2

Profitez de votre propre VPN !

3.6 Désinstaller le VPN

Si vous souhaitez supprimer WireGuard, OpenVPN et/ou IPsec VPN du serveur, suivez ces étapes.

Attention : toute la configuration VPN sera **définitivement supprimée**. Cette opération **ne peut pas être annulée** !

Tout d'abord, connectez-vous à votre serveur via SSH.

Pour désinstaller WireGuard, exécutez :

```
sudo bash wg.sh
```

Vous verrez les options suivantes :

```
WireGuard is already installed.

Select an option:
 1) Add a new client
 2) List existing clients
 3) Remove an existing client
 4) Show QR code for a client
 5) Remove WireGuard
 6) Exit
```

Sélectionnez l'option 5 dans le menu, en tapant 5 et en appuyant sur Entrée. Confirmez ensuite la suppression de WireGuard.

Remarque : ces options peuvent changer dans les versions plus récentes du script. Lisez attentivement avant de sélectionner l'option souhaitée.

Pour désinstaller OpenVPN, exécutez :

```
sudo bash ovpn.sh
```

Vous verrez les options suivantes :

```
OpenVPN is already installed.

Select an option:
 1) Add a new client
 2) Export config for an existing client
 3) List existing clients
 4) Revoke an existing client
 5) Remove OpenVPN
 6) Exit
```

Sélectionnez l'option 5 dans le menu, en tapant 5 et en appuyant sur Entrée. Confirmez ensuite la suppression d'OpenVPN.

Pour désinstaller IPsec VPN, téléchargez et exécutez le script d'aide :

```
wget https://get.vpnsetup.net/unst -O unst.sh
sudo bash unst.sh
```

Lorsque vous y êtes invité, confirmez la suppression du VPN IPsec.

4 Configurer les clients VPN

Dans ce chapitre, vous apprendrez à transférer les fichiers de configuration client du serveur VPN vers votre ordinateur local et à configurer les clients VPN WireGuard, OpenVPN et IKEv2 sur Windows, macOS, Android et iOS.

4.1 Transférer des fichiers depuis le serveur

Lors de la configuration des clients VPN, vous devrez peut-être transférer de manière sécurisée les fichiers de configuration client du serveur vers votre ordinateur local. Une façon de procéder consiste à utiliser la commande « scp ». Exemples d'étapes :

1. Ouvrez le terminal sur votre ordinateur. Sous Windows, vous pouvez utiliser un émulateur de terminal comme Git pour Windows.

   Git pour Windows : https://git-scm.com/downloads
   Téléchargez la version portable, puis double-cliquez pour l'installer. Une fois terminé, ouvrez le dossier « PortableGit » et double-cliquez pour exécuter « git-bash.exe ».

2. Tapez la commande suivante en remplaçant « username » par votre nom d'utilisateur SSH (par exemple « root »), « server-ip » par l'adresse IP ou le nom d'hôte de votre serveur, « /path/to/file » par le chemin d'accès au fichier sur le serveur et « /local/folder » par le dossier local dans lequel vous souhaitez enregistrer le fichier.

```
scp username@server-ip:/path/to/file /local/folder
```

3. Par exemple, si vous souhaitez vous authentifier en tant que root et transférer « /root/client.conf » du serveur avec l'adresse IP « 192.0.2.1 » vers le dossier de travail actuel sur l'ordinateur local :

   ```
   scp root@192.0.2.1:/root/client.conf ./
   ```

   Remarque : si vous utilisez Git pour Windows, le dossier local « / » pointe généralement vers le dossier d'installation, par exemple « PortableGit ».

4. Si vous utilisez un mot de passe pour vous connecter, vous recevrez une invite pour saisir votre mot de passe. Saisissez votre mot de passe et appuyez sur Entrée.

5. Le fichier sera ensuite transféré depuis le serveur et enregistré dans le dossier local que vous aurez spécifié.

4.2 Configurer les clients VPN WireGuard

L'option clients VPN WireGuard est disponible pour Windows, macOS, iOS et Android :
https://www.wireguard.com/install/

Pour ajouter une connexion VPN, ouvrez l'application WireGuard sur votre appareil mobile, appuyez sur le bouton « Ajouter », puis scannez le code QR généré dans la sortie du script. Pour Windows et macOS, transférez d'abord en toute sécurité le fichier « .conf » généré sur votre ordinateur, puis ouvrez WireGuard et importez le fichier.

Pour gérer l'option clients VPN WireGuard, exécutez à nouveau le script d'installation : « sudo bash wg.sh ». Voir le chapitre 5 pour plus de détails.

- Plateformes
  - Windows
  - macOS
  - Android
  - iOS (iPhone/iPad)

Clients VPN WireGuard :
https://www.wireguard.com/install/

4.2.1 Windows

1. Transférez en toute sécurité le fichier « .conf » généré sur votre ordinateur.
2. Installez et lancez l'option clients VPN **WireGuard**.
3. Cliquez sur **Importer le(s) tunnel(s) à partir du fichier**.
4. Accédez au fichier « .conf » et sélectionnez-le, puis cliquez sur **Ouvrir**.
5. Cliquez sur **Activer**.

4.2.2 macOS

1. Transférez en toute sécurité le fichier « .conf » généré sur votre ordinateur.
2. Installez et lancez l'application **WireGuard** depuis l'**App Store**.
3. Cliquez sur **Importer le(s) tunnel(s) à partir du fichier**.

4. Accédez au fichier « .conf » et sélectionnez-le, puis cliquez sur **Importer**.
5. Cliquez sur **Activer**.

4.2.3 Android

1. Installez et lancez l'application **WireGuard** depuis **Google Play**.
2. Appuyez sur le bouton « + », puis sur **Importer depuis un QR code**.
3. Scannez le code QR généré dans la sortie du script VPN.
4. Saisissez le nom de votre choix pour le **Nom du tunnel**.
5. Appuyez sur **Créer un tunnel**.
6. Faites glisser le commutateur sur ON pour le nouveau profil VPN.

4.2.4 iOS (iPhone/iPad)

1. Installez et lancez l'application **WireGuard** depuis **App Store**.
2. Appuyez sur **Ajouter un tunnel**, puis sur **Créer à partir d'un code QR**.
3. Scannez le code QR généré dans la sortie du script VPN.
4. Saisissez le nom de votre choix pour le tunnel.
5. Appuyez sur **Enregistrer**.
6. Faites glisser le commutateur sur ON pour le nouveau profil VPN.

4.3 Configurer les clients OpenVPN

L'option clients OpenVPN (https://openvpn.net/vpn-client/) est disponible pour Windows, macOS, iOS et Android. Les utilisateurs de macOS peuvent également utiliser Tunnelblick (https://tunnelblick.net).

Pour ajouter une connexion VPN, transférez d'abord en toute sécurité le fichier « .ovpn » généré sur votre appareil, puis ouvrez l'application OpenVPN et importez le profil VPN.

Pour gérer les clients OpenVPN, exécutez à nouveau le script d'installation : « sudo bash ovpn.sh ». Voir le chapitre 5 pour plus de détails.

- Plateformes
  - Windows
  - macOS
  - Android
  - iOS (iPhone/iPad)

Clients OpenVPN : https://openvpn.net/vpn-client/

4.3.1 Windows

1. Transférez en toute sécurité le fichier « .ovpn » généré sur votre ordinateur.
2. Installez et lancez clients VPN **OpenVPN Connect**.
3. Sur l'écran **Get connected**, cliquez sur l'onglet **Upload file**.
4. Faites glisser et déposez le fichier « .ovpn » dans la fenêtre, ou recherchez et sélectionnez le fichier « .ovpn » , puis cliquez sur **Ouvrir**.
5. Cliquez sur **Connect**.

4.3.2 macOS

1. Transférez en toute sécurité le fichier « .ovpn » généré sur votre ordinateur.

2. Installez et lancez Tunnelblick (https://tunnelblick.net).
3. Sur l'écran d'accueil, cliquez sur **J'ai des fichiers de configuration**.
4. Sur l'écran **Ajouter une configuration**, cliquez sur **OK**.
5. Cliquez sur l'icône Tunnelblick dans la barre de menu, puis sélectionnez **Détails VPN**.
6. Faites glisser et déposez le fichier « .ovpn » dans la fenêtre **Configurations** (volet de gauche).
7. Suivez les instructions à l'écran pour installer le profil OpenVPN.
8. Cliquez sur **Connecter**.

4.3.3 Android

1. Transférez en toute sécurité le fichier « .ovpn » généré sur votre appareil Android.
2. Installez et lancez **OpenVPN Connect** depuis **Google Play**.
3. Sur l'écran **Get connected**, appuyez sur l'onglet **Upload file**.
4. Appuyez sur **Browse**, puis recherchez et sélectionnez le fichier « .ovpn ».
   Remarque : pour trouver le fichier « .ovpn » , appuyez sur le bouton de menu à trois lignes, puis accédez à l'emplacement où vous avez enregistré le fichier.
5. Sur l'écran **Imported Profile**, appuyez sur **Connect**.

4.3.4 iOS (iPhone/iPad)

Tout d'abord, installez et lancez **OpenVPN Connect** depuis **App Store**. Transférez ensuite en toute sécurité le fichier « .ovpn » généré sur votre appareil iOS. Pour transférer le fichier, vous pouvez :

1. Envoyer le fichier par AirDrop et l'ouvrir avec OpenVPN, ou
2. Le télécharger sur votre appareil (dossier de l'application OpenVPN) à l'aide de partager des fichiers (https://support.apple.com/fr-fr/119585), puis lancer l'application OpenVPN Connect et appuyer sur l'onglet **File**.

Une fois terminé, appuyez sur **Add** pour importer le profil VPN, puis sur **Connect**.

Pour personnaliser les paramètres de l'application OpenVPN Connect, appuyez sur le bouton de menu à trois lignes, puis sur **Settings**.

4.4 Configurer les clients VPN IKEv2

IKEv2 est pris en charge nativement par Windows, macOS, iOS et Chrome OS. Il n'y a aucun logiciel supplémentaire à installer. Les utilisateurs d'Android peuvent utiliser le client VPN gratuit strongSwan.

Pour gérer les clients IKEv2, exécutez « sudo ikev2.sh » sur votre serveur. Voir le chapitre 5 pour plus de détails.

- Plateformes
  - Windows
  - macOS
  - Android
  - iOS (iPhone/iPad)
  - Chrome OS (Chromebook)

4.4.1 Windows

4.4.1.1 Importer automatiquement la configuration

Screencast : importation automatique de la configuration IKEv2 sur Windows
Regarder sur YouTube : https://youtu.be/H8-S35OgoeE

Les utilisateurs de Windows 8, 10 et 11+ peuvent importer automatiquement la configuration IKEv2 :

1. Transférez en toute sécurité le fichier « .p12 » généré sur votre ordinateur.
2. Téléchargez ikev2_config_import.cmd (https://github.com/hwdsl2/vpn-extras/releases/latest/download/ikev2_config_import.cmd) et enregistrez ce script d'aide dans le **même dossier** que le fichier « .p12 ».
3. Cliquez avec le bouton droit sur le script enregistré, sélectionnez **Propriétés**. Cliquez sur **Débloquer** en bas, puis cliquez sur **OK**.
4. Cliquez avec le bouton droit sur le script enregistré, sélectionnez **Exécuter en tant qu'administrateur** et suivez les instructions.

Pour vous connecter au VPN : cliquez sur l'icône sans fil/réseau dans la barre d'état système, sélectionnez la nouvelle entrée VPN et cliquez sur **Se connecter**.

Une fois la connexion établie, vous pouvez vérifier que votre trafic est correctement acheminé en recherchant votre adresse IP sur Google. Vous devriez voir apparaître « Votre adresse IP publique est "Votre IP de serveur VPN" ».

4.4.1.2 Importer manuellement la configuration

Screencast : importation manuelle de la configuration IKEv2 sur Windows
Regarder sur YouTube : https://youtu.be/-CDnvh58EJM

Alternativement, les utilisateurs de Windows 8, 10 et 11+ peuvent importer manuellement la configuration IKEv2 :

1. Transférez en toute sécurité le fichier « .p12 » généré sur votre ordinateur, puis importez-le dans le magasin de certificats. Pour importer le fichier « .p12 », exécutez la commande suivante à partir d'une invite de commande avec privilèges élevés :

   ```
   # Importer le fichier .p12 (remplacer par votre
   # propre valeur)
   certutil -f -importpfx \
     "\path\to\your\file.p12" NoExport
   ```

   Remarque : lorsque vous êtes invité à saisir le mot de passe, appuyez sur Entrée pour continuer.

2. Sur un ordinateur Windows, ajoutez une nouvelle connexion VPN IKEv2. Exécutez les commandes suivantes à partir d'une invite de commande :

   ```
   # Créez une connexion VPN (remplacez l'adresse
   # du serveur par votre propre valeur)
   powershell -command ^"Add-VpnConnection ^
     -ServerAddress 'Votre IP de serveur VPN' ^
     -Name 'My IKEv2 VPN' -TunnelType IKEv2 ^
     -AuthenticationMethod MachineCertificate ^
     -EncryptionLevel Required -PassThru^"
   ```

```
# Définissez la configuration IPsec
powershell -command ^
  ^"Set-VpnConnectionIPsecConfiguration ^
  -ConnectionName 'My IKEv2 VPN' ^
  -AuthenticationTransformConstants GCMAES128 ^
  -CipherTransformConstants GCMAES128 ^
  -EncryptionMethod AES256 ^
  -IntegrityCheckMethod SHA256 -PfsGroup None ^
  -DHGroup Group14 -PassThru -Force^"
```

Pour vous connecter au VPN : cliquez sur l'icône sans fil/réseau dans la barre d'état système, sélectionnez la nouvelle entrée VPN et cliquez sur **Se connecter**.

Une fois la connexion établie, vous pouvez vérifier que votre trafic est correctement acheminé en recherchant votre adresse IP sur Google. Vous devriez voir apparaître « Votre adresse IP publique est "Votre IP de serveur VPN" ».

4.4.1.3 Supprimer la connexion VPN

En suivant les étapes suivantes, vous pouvez supprimer la connexion VPN et éventuellement restaurer l'ordinateur à son état avant l'importation de la configuration IKEv2.

1. Accédez à Paramètres Windows → Réseau et Internet → VPN et supprimez la connexion VPN ajoutée.

2. (Facultatif) Supprimez les certificats IKEv2.

    1. Appuyez sur les touches Windows + R et saisissez « certlm.msc » ou recherchez « certlm.msc » dans le menu Démarrer. Ouvrez « Certificats - Ordinateur local ».

2. Accédez à « Personnel → Certificats » et supprimez le certificat client IKEv2. Le nom du certificat est le même que le nom du client IKEv2 que vous avez spécifié (par défaut : `vpnclient`). Le certificat a été émis par `IKEv2 VPN CA`.

3. Accédez à « Autorités de certification racines de confiance → Certificats » et supprimez le certificat IKEv2 VPN CA. Le certificat a été émis à `IKEv2 VPN CA` par `IKEv2 VPN CA`. Avant de le supprimer, assurez-vous qu'il n'existe aucun autre certificat émis par `IKEv2 VPN CA` dans « Personnels → Certificats ».

4.4.2 macOS

Screencast : importer la configuration IKEv2 et se connecter sur macOS
Regarder sur YouTube : https://youtu.be/E2IZMUtR7kU

Tout d'abord, transférez en toute sécurité le fichier « .mobileconfig » généré sur votre Mac, puis double-cliquez et suivez les instructions pour l'importer en tant que profil macOS. Si votre Mac exécute macOS Big Sur ou une version plus récente, ouvrez les Réglages Système et accédez à la section Profils pour terminer l'importation. Pour macOS Ventura et les versions plus récentes, ouvrez les Réglages Système et recherchez Profils. Une fois terminé, vérifiez que « IKEv2 VPN » est répertorié sous Réglages Système → Profils.

Pour vous connecter au VPN :

1. Ouvrez les Réglages Système et accédez à la section Réseau.

2. Sélectionnez la connexion VPN avec « Votre IP de serveur VPN ».
3. Cochez la case **Afficher l'état VPN dans la barre des menus**. Pour macOS Ventura et les versions plus récentes, ce paramètre peut être configuré dans la section Réglages Système → Centre de contrôle → Barre des menus uniquement.
4. Cliquez sur **Connecter** ou faites glisser le commutateur VPN sur ON.

(Fonctionnalité facultative) Activez **VPN On Demand** pour démarrer automatiquement une connexion VPN lorsque votre Mac est connecté au Wi-Fi. Pour l'activer, cochez la case **Connexion à la demande** pour la connexion VPN, puis cliquez sur **Appliquer**. Pour trouver ce paramètre sur macOS Ventura et les versions plus récentes, cliquez sur l'icône « i » à droite de la connexion VPN.

Une fois que la connexion est établie, vous pouvez vérifier que votre trafic est correctement acheminé en recherchant votre adresse IP sur Google. Vous devriez voir apparaître le texte « Votre adresse IP publique est "Votre IP de serveur VPN" ».

Pour supprimer la connexion VPN, ouvrez les Réglages Système → Profils et supprimez le profil VPN IKEv2 que vous avez ajouté.

4.4.3 Android

4.4.3.1 Utilisation du client VPN strongSwan

Screencast : connexion à l'aide du client VPN strongSwan Android
Regarder sur YouTube : https://youtu.be/i6j1N_7cI-w

Les utilisateurs d'Android peuvent se connecter à l'aide du client VPN strongSwan (recommandé).

1. Transférez en toute sécurité le fichier « .sswan » généré sur votre appareil Android.
2. Installez strongSwan VPN client depuis **Google Play**.
3. Lancez le strongSwan VPN client.
4. Appuyez sur le menu « Plus d'options » en haut à droite, puis appuyez sur **Import VPN profile**.
5. Choisissez le fichier « .sswan » que vous avez transféré depuis le serveur VPN.
   Remarque : pour trouver le fichier « .sswan » , appuyez sur le bouton de menu à trois lignes, puis accédez à l'emplacement où vous avez enregistré le fichier.
6. Sur l'écran « Import VPN profile », appuyez sur **Import certificate from VPN profile** et suivez les instructions.
7. Sur l'écran « Choisir un certificat », sélectionnez le nouveau certificat client, puis appuyez sur **Choisir**.
8. Appuyez sur **Import**.
9. Appuyez sur le nouveau profil VPN pour vous connecter.

(Fonctionnalité facultative) Vous pouvez choisir d'activer la fonction « VPN permanent » sur Android. Lancez l'application **Paramètres**, accédez à Réseau et Internet → VPN, cliquez sur l'icône d'engrenage à droite de « strongSwan VPN client », puis activez les options **VPN permanent** et **Bloquer les connexions sans VPN**.

Une fois que la connexion est établie, vous pouvez vérifier que votre trafic est correctement acheminé en recherchant votre adresse IP sur Google. Vous devriez voir « Votre adresse IP publique est "Votre IP de serveur VPN" ».

4.4.3.2 Utilisation du client IKEv2 natif

Screencast : connexion à l'aide du client VPN natif sur Android 11+
Regarder sur YouTube : https://youtu.be/Cai6k4GgkEE

Les utilisateurs d'Android 11+ peuvent également se connecter à l'aide du client IKEv2 natif.

1. Transférez en toute sécurité le fichier « .p12 » généré sur votre appareil Android.
2. Lancez l'application **Paramètres**.
3. Allez dans Sécurité → Chiffrement et identifiants.
4. Appuyez sur **Installer un certificat**.
5. Appuyez sur **Certificat utilisateur VPN et application**.
6. Choisissez le fichier « .p12 » que vous avez transféré depuis le serveur VPN.
   Remarque : pour trouver le fichier « .p12 », appuyez sur le bouton de menu à trois lignes, puis accédez à l'emplacement où vous avez enregistré le fichier.
7. Saisissez un nom pour le certificat, puis appuyez sur **OK**.
8. Allez dans Paramètres → Réseau et Internet → VPN, puis appuyez sur le bouton « + ».
9. Saisissez un nom pour le profil VPN.
10. Sélectionnez **IKEv2/IPSec RSA** dans le menu déroulant **Type**.
11. Saisissez « Votre IP de serveur VPN » pour le **Adresse du serveur**.
12. Saisissez le nom de votre choix pour le **Identifiant IPSec**.
    Remarque : ce champ ne devrait pas être obligatoire. Il s'agit d'un bug dans Android.

13. Sélectionnez le certificat que vous avez importé dans le menu déroulant **Certificat utilisateur IPSec**.
14. Sélectionnez le certificat que vous avez importé dans le menu déroulant **Certificat CA IPSec**.
15. Sélectionnez **(certificat reçu du serveur)** dans le menu déroulant **Certificat de serveur IPSec**.
16. Appuyez sur **Enregistrer**. Appuyez ensuite sur la nouvelle connexion VPN et appuyez sur **Connecter**.

Une fois que la connexion est établie, vous pouvez vérifier que votre trafic est correctement acheminé en recherchant votre adresse IP sur Google. Vous devriez voir « Votre adresse IP publique est "Votre IP de serveur VPN" ».

4.4.4 iOS (iPhone/iPad)

Screencast : importer la configuration IKEv2 et se connecter sur iOS (iPhone et iPad)
Regarder sur YouTube :
https://youtube.com/shorts/Y5HuX7jk_Kc

Tout d'abord, transférez en toute sécurité le fichier « .mobileconfig » généré sur votre appareil iOS, puis importez-le en tant que profil iOS. Pour transférer le fichier, vous pouvez :

1. Utiliser AirDrop, ou
2. Le télécharger sur votre appareil (n'importe quel dossier d'application) à l'aide de partager des fichiers (https://support.apple.com/fr-fr/119585), puis ouvrir l'application « Fichiers » sur votre appareil iOS et déplacer le fichier téléchargé vers le dossier « Sur mon iPhone ». Après cela, vous pouvez appuyer sur le fichier et accéder à l'application « Réglages » pour l'importer, ou

3. Héberger le fichier sur un site Web sécurisé, puis le télécharger et l'importer dans Mobile Safari.

Une fois terminé, vérifiez que « IKEv2 VPN » est répertorié sous Réglages → Général → VPN et gestion de l'appareil ou Profil(s).

Pour vous connecter au VPN :

1. Accédez à Réglages → VPN. Sélectionnez la connexion VPN avec « Votre IP de serveur VPN ».
2. Faites glisser le commutateur **VPN** sur ON.

(Fonctionnalité facultative) Activez **VPN On Demand** pour démarrer automatiquement une connexion VPN lorsque votre appareil iOS est en Wi-Fi. Pour l'activer, appuyez sur l'icône « i » à droite de la connexion VPN et activez **À la demande**.

Une fois la connexion établie, vous pouvez vérifier que votre trafic est correctement acheminé en recherchant votre adresse IP sur Google. Vous devriez voir le texte « Votre adresse IP publique est "Votre IP de serveur VPN" ».

Pour supprimer la connexion VPN, ouvrez Réglages → Général → VPN et gestion de l'appareil ou Profil(s) et supprimez le profil VPN IKEv2 que vous avez ajouté.

4.4.5 Chrome OS (Chromebook)

Tout d'abord, sur votre serveur VPN, exportez le certificat CA sous le nom « ca.cer » :

```
sudo certutil -L -d sql:/etc/ipsec.d \
  -n "IKEv2 VPN CA" -a -o ca.cer
```

Transférez en toute sécurité les fichiers « .p12 » et « ca.cer » générés sur votre appareil Chrome OS.

Installer les certificats utilisateur et CA :

1. Ouvrez un nouvel onglet dans Google Chrome.
2. Dans la barre d'adresse, saisissez : **chrome://settings/certificates**
3. **(Important)** Cliquez sur **Importer et lier**, et non sur **Importer**.
4. Dans la boîte qui s'ouvre, choisissez le fichier « .p12 » que vous avez transféré depuis le serveur VPN et sélectionnez **Ouvrir**.
5. Cliquez sur **OK** si le certificat n'a pas de mot de passe. Sinon, saisissez le mot de passe du certificat.
6. Cliquez sur l'onglet **Autorités**. Cliquez ensuite sur **Importer**.
7. Dans la boîte qui s'ouvre, sélectionnez **Tous les fichiers** dans le menu déroulant en bas à gauche.
8. Choisissez le fichier « ca.cer » que vous avez transféré depuis le serveur VPN et sélectionnez **Ouvrir**.
9. Conservez les options par défaut et cliquez sur **OK**.

Ajouter une nouvelle connexion VPN :

1. Accédez à Paramètres → Réseau.
2. Cliquez sur **Ajouter une connexion**, puis sur **Ajouter le VPN intégré**.
3. Saisissez le nom de votre choix pour le **Nom du service**.
4. Sélectionnez **IPsec (IKEv2)** dans le menu déroulant **Type de fournisseur**.
5. Saisissez « Votre IP de serveur VPN » pour le **Nom d'hôte du serveur**.

6. Sélectionnez **Certificat utilisateur** dans le menu déroulant **Type d'authentification**.
7. Sélectionnez **IKEv2 VPN CA [IKEv2 VPN CA]** dans le menu déroulant **Certificat de l'autorité de certification du serveur**.
8. Sélectionnez **IKEv2 VPN CA [nom du client]** dans le menu déroulant **Certificat utilisateur**.
9. Laissez les autres champs vides.
10. Activez **Enregistrer le nom d'utilisateur et le mot de passe**.
11. Cliquez sur **Connexion**.

(Fonctionnalité facultative) Vous pouvez choisir d'activer la fonctionnalité « VPN permanent » sur Chrome OS. Pour gérer ce paramètre, accédez à Paramètres → Réseau, puis cliquez sur **VPN**.

Lorsque la connexion aura été établie, vous verrez une icône VPN superposée sur l'icône d'état du réseau. Vous pouvez vérifier que votre trafic est correctement acheminé en recherchant votre adresse IP sur Google. Vous devriez voir le texte « Votre adresse IP publique est "Votre IP de serveur VPN" ».

5 Gérer les clients VPN

Après avoir configuré le serveur VPN, vous pouvez gérer les clients VPN WireGuard, OpenVPN et IKEv2 en suivant les instructions de ce chapitre.

Par exemple, vous pouvez ajouter de nouveaux clients VPN sur le serveur pour vos ordinateurs et appareils mobiles supplémentaires, répertorier les clients VPN existants ou exporter la configuration d'un client existant.

5.1 Gérer les clients VPN WireGuard

Pour gérer les clients VPN WireGuard, connectez-vous d'abord à votre serveur via SSH (voir chapitre 3), puis exécutez :

```
sudo bash wg.sh
```

Vous verrez les options suivantes :

```
WireGuard is already installed.

Select an option:
 1) Add a new client
 2) List existing clients
 3) Remove an existing client
 4) Show QR code for a client
 5) Remove WireGuard
 6) Exit
```

Vous pouvez ensuite saisir l'option souhaitée pour ajouter, répertorier ou supprimer les clients VPN WireGuard.

Remarque : ces options peuvent changer dans les versions plus récentes du script. Lisez attentivement avant de sélectionner l'option souhaitée.

Vous pouvez également exécuter « wg.sh » avec les options de ligne de commande. Voir ci-dessous pour plus de détails.

5.1.1 Ajouter un nouveau client

Pour ajouter un nouveau client VPN WireGuard :

1. Sélectionnez l'option 1 dans le menu, en tapant 1 et en appuyant sur Entrée.
2. Donnez un nom au nouveau client.
3. Sélectionnez un serveur DNS pour le nouveau client, qui sera utilisé lors de la connexion au VPN.

Vous pouvez également exécuter « wg.sh » avec l'option « --addclient ». Utilisez l'option « -h » pour afficher l'utilisation.

```
sudo bash wg.sh --addclient [nom du client]
```

Étapes suivantes : configurer les clients VPN WireGuard. Voir le chapitre 4, section 4.2 pour plus de détails.

5.1.2 Faire la liste des clients existants

Sélectionnez l'option 2 dans le menu, en tapant 2 et en appuyant sur Entrée. Le script affichera alors une liste des clients VPN WireGuard existants.

Vous pouvez également exécuter « wg.sh » avec l'option « --listclients ».

```
sudo bash wg.sh --listclients
```

5.1.3 Supprimer un client

Pour supprimer un client VPN WireGuard existant :

1. Sélectionnez l'option 3 dans le menu, en tapant 3 et en appuyant sur Entrée.
2. Dans la liste des clients existants, sélectionnez le client que vous souhaitez supprimer.
3. Confirmez la suppression du client.

Vous pouvez également exécuter « wg.sh » avec l'option « --removeclient ».

```
sudo bash wg.sh --removeclient [nom du client]
```

5.1.4 Afficher le code QR d'un client

Pour afficher le code QR d'un client existant :

1. Sélectionnez l'option 4 dans le menu, en tapant 4 et en appuyant sur Entrée.
2. Dans la liste des clients existants, sélectionnez le client pour lequel vous souhaitez afficher le code QR.

Vous pouvez également exécuter « wg.sh » avec l'option « --showclientqr ».

```
sudo bash wg.sh --showclientqr [nom du client]
```

Vous pouvez utiliser des codes QR pour configurer les clients VPN WireGuard Android et iOS. Voir le chapitre 4, section 4.2 pour plus de détails.

5.2 Gérer les clients OpenVPN

Pour gérer les clients OpenVPN, connectez-vous d'abord à votre serveur via SSH (voir chapitre 3), puis exécutez :

```
sudo bash ovpn.sh
```

Vous verrez les options suivantes :

```
OpenVPN is already installed.

Select an option:
 1) Add a new client
 2) Export config for an existing client
 3) List existing clients
 4) Revoke an existing client
 5) Remove OpenVPN
 6) Exit
```

Vous pouvez ensuite saisir l'option souhaitée pour ajouter, exporter, répertorier ou révoquer un ou plusieurs clients OpenVPN.

Remarque : ces options peuvent changer dans les versions plus récentes du script. Lisez attentivement avant de sélectionner l'option souhaitée.

Vous pouvez également exécuter « ovpn.sh » avec des options de ligne de commande. Voir ci-dessous pour plus de détails.

5.2.1 Ajouter un nouveau client

Pour ajouter un nouveau client OpenVPN :

1. Sélectionnez l'option 1 dans le menu, en tapant 1 et en appuyant sur Entrée.
2. Donnez un nom au nouveau client.

Vous pouvez également exécuter « ovpn.sh » avec l'option « --addclient ». Utilisez l'option « -h » pour afficher l'utilisation.

```
sudo bash ovpn.sh --addclient [nom du client]
```

Étapes suivantes : configurer les clients OpenVPN. Voir le chapitre 4, section 4.3 pour plus de détails.

5.2.2 Exporter un client existant

Pour exporter la configuration OpenVPN d'un client existant :

1. Sélectionnez l'option 2 dans le menu, en tapant 2 et en appuyant sur Entrée.
2. Dans la liste des clients existants, sélectionnez le client que vous souhaitez exporter.

Vous pouvez également exécuter « ovpn.sh » avec l'option « --exportclient ».

```
sudo bash ovpn.sh --exportclient [nom du client]
```

5.2.3 Faire la liste des clients existants

Sélectionnez l'option 3 dans le menu, en tapant 3 et en appuyant sur Entrée. Le script affichera alors une liste des clients OpenVPN existants.

Vous pouvez également exécuter « ovpn.sh » avec l'option « --listclients ».

```
sudo bash ovpn.sh --listclients
```

5.2.4 Révoquer un client

Dans certaines circonstances, vous devrez peut-être résilier un certificat client OpenVPN précédemment généré.

1. Sélectionnez l'option 4 dans le menu, en tapant 4 et en appuyant sur Entrée.
2. Dans la liste des clients existants, sélectionnez le client que vous souhaitez révoquer.
3. Confirmez la révocation du client.

Vous pouvez également exécuter « ovpn.sh » avec l'option « --revokeclient ».

```
sudo bash ovpn.sh --revokeclient [nom du client]
```

5.3 Gérer les clients VPN IKEv2

Pour gérer les clients VPN IKEv2, connectez-vous d'abord à votre serveur via SSH (voir chapitre 3), puis exécutez :

```
sudo ikev2.sh
```

Vous verrez les options suivantes :

```
IKEv2 is already set up on this server.

Select an option:
  1) Add a new client
  2) Export config for an existing client
```

```
3) List existing clients
4) Revoke an existing client
5) Delete an existing client
6) Remove IKEv2
7) Exit
```

Vous pouvez ensuite saisir l'option souhaitée pour gérer les clients IKEv2.

Remarque : ces options peuvent changer dans les versions plus récentes du script. Lisez attentivement avant de sélectionner l'option souhaitée.

Vous pouvez également exécuter « ikev2.sh » avec les options de ligne de commande. Voir ci-dessous pour plus de détails.

5.3.1 Ajouter un nouveau client

Pour ajouter un nouveau client IKEv2 :

1. Sélectionnez l'option 1 dans le menu, en tapant 1 et en appuyant sur Entrée.
2. Donnez un nom au nouveau client.
3. Spécifiez la période de validité du nouveau certificat client.

Vous pouvez également exécuter « ikev2.sh » avec l'option « --addclient ». Utilisez l'option « -h » pour afficher l'utilisation.

```
sudo ikev2.sh --addclient [nom du client]
```

Étapes suivantes : configurer les clients VPN IKEv2. Voir le chapitre 4, section 4.4 pour plus de détails.

5.3.2 Exporter un client existant

Pour exporter la configuration IKEv2 d'un client existant :

1. Sélectionnez l'option 2 dans le menu, en tapant 2 et en appuyant sur Entrée.
2. Dans la liste des clients existants, saisissez le nom du client que vous souhaitez exporter.

Vous pouvez également exécuter « ikev2.sh » avec l'option « --exportclient ».

```
sudo ikev2.sh --exportclient [nom du client]
```

5.3.3 Faire la liste des clients existants

Sélectionnez l'option 3 dans le menu, en tapant 3 et en appuyant sur Entrée. Le script affichera alors une liste des clients IKEv2 existants.

Vous pouvez également exécuter « ikev2.sh » avec l'option « --listclients ».

```
sudo ikev2.sh --listclients
```

5.3.4 Révoquer un client

Dans certaines circonstances, vous devrez peut-être résilier un certificat client IKEv2 précédemment généré.

1. Sélectionnez l'option 4 dans le menu, en tapant 4 et en appuyant sur Entrée.
2. Dans la liste des clients existants, saisissez le nom du client que vous souhaitez révoquer.
3. Confirmez la révocation du client.

Vous pouvez également exécuter « ikev2.sh » avec l'option « --revokeclient ».

```
sudo ikev2.sh --revokeclient [nom du client]
```

5.3.5 Supprimer un client

Pour supprimer un client IKEv2 existant :

1. Sélectionnez l'option 5 dans le menu, en tapant 5 et en appuyant sur Entrée.
2. Dans la liste des clients existants, saisissez le nom du client que vous souhaitez supprimer.
3. Confirmez la suppression du client.

Vous pouvez également exécuter « ikev2.sh » avec l'option « --deleteclient ».

```
sudo ikev2.sh --deleteclient [nom du client]
```

À propos de l'auteur

Lin Song, PhD, est ingénieur logiciel et développeur open source. Il a créé et maintient les projets Setup IPsec VPN sur GitHub depuis 2014, visant à créer son propre serveur VPN en quelques minutes seulement. Ses projets ont plus de 20 000 étoiles GitHub et plus de 30 millions de pulls Docker, et ont aidé des millions d'utilisateurs à configurer leurs propres serveurs VPN.

Rejoignez Lin Song
GitHub : https://github.com/hwdsl2
LinkedIn : https://www.linkedin.com/in/linsongui

Merci de votre lecture ! J'espère que vous tirerez le meilleur parti de la lecture de ce livre. S'il vous a été utile, je vous serai très reconnaissant de laisser une note ou de publier un bref avis.

Merci,
Lin Song
Auteur

www.ingramcontent.com/pod-product-compliance
Lightning Source LLC
LaVergne TN
LVHW050951051026
849532LV00005B/1796
* 9 7 9 8 3 4 9 5 3 2 4 5 0 *